José Rizal

Junto al Pásig

Barcelona **2024**
Linkgua-ediciones.com

Créditos

Título original: Junto al Pásig.

© 2024, Red ediciones S.L.

e-mail: info@Linkgua-ediciones.com

Diseño de cubierta: Michel Mallard.

ISBN rústica: 978-84-9816-745-0.
ISBN ebook: 978-84-9897-888-9.

Cualquier forma de reproducción, distribución, comunicación pública o transformación de esta obra solo puede ser realizada con la autorización de sus titulares, salvo excepción prevista por la ley. Diríjase a CEDRO (Centro Español de Derechos Reprográficos, www.cedro.org) si necesita fotocopiar, escanear o hacer copias digitales de algún fragmento de esta obra.

Sumario

Créditos _____ **4**

Brevísima presentación _____ **7**
    La vida _____ 7

Junto al Pásig. Melodrama en un acto y en verso _____ **9**

Personajes _____ **10**

Melodrama en un acto y en verso _____ **11**
    Escena I _____ 11
    Escena II _____ 16
    Escena III _____ 18
    Escena IV _____ 19
    Escena V _____ 26
    Escena VI _____ 27

Escena última _____ **29**

Nota _____ **31**

Libros a la carta _____ **33**

Brevísima presentación

La vida

José Protacio Rizal Mercado y Alonso Realonda (19 de junio de 1861, Calamba-30 de diciembre de 1896, Manila), fue patriota, médico y hombre de letras inspirador del nacionalismo de su país.

Rizal era hijo de un próspero propietario de plantaciones azucareras de origen chino. Su madre, Teodora Alonso, fue una de las mujeres más cultas de su época.

La formación de José Rizal transcurrió en el Ateneo de Manila, la Universidad de Santo Tomás de Manila y la de Madrid, donde estudió medicina.

Más tarde estudió en París y Heidelberg.

Noli me Tangere, su primera novela, fue publicada en 1886, seguida de *El Filibusterismo*, en 1891. Por entonces editó en Barcelona el periódico *La Solidaridad* en el que postuló sus tesis políticas.

Pese a las advertencias de sus amigos, Rizal decidió regresar a su país en 1892. Allí encabezó un movimiento de cambio no violento de la sociedad que fue llamado «La Liga Filipina». Deportado a una isla al sur de Filipinas, fue acusado de sedición en 1896 y ejecutado en público en Manila.

Junto al Pásig. Melodrama en un acto y en verso

Letra del doctor José Rizal
Representada por primera vez el 8 de Diciembre de 1880, a las seis de la tarde, con música de don BLAS ECHEGOYEN, en el Salón de Actos del Ateneo Municipal, de Manila, por los alumnos de la Academia de Literatura Castellana de dicho centro docente, de la que era Presidente el egregio de Apóstol de las libertades filipinas.
Representada por segunda vez, con música de MANUEL VÉLEZ, con motivo de la VELADA LITERARIA, LÍRICA Y MUSICAL organizada por el periódico anual ilustrado DÍA FILIPINO, que se ha celebrado el 19 de Junio de 1915, en el Grand Opera House, Avenida Rizal, Manila, en conmemoración del 54.º aniversario del nacimiento del inmortal MÁRTIR DE BAGUMBAYAN.
Editado por el DÍA FILIPINO.

1915.

Personajes

Leónido
Cándido
Pascual
Satán
Ángel
Niño I
Niño II
Niño III
Coro de niños y coro de diablos.

Melodrama en un acto y en verso
(La acción se lleva a cabo a orillas del río Pásig, en el pueblo de este nombre; la decoración representa el río, y la orilla opuesta a la en que están los personajes. Verán la iglesia, casas, cañaverales y multitud de banderas y adornos propios de los pueblos del Archipiélago. Es la hora del alba y, de consiguiente, el tono del conjunto ha de ser suavemente reproducido.)

Escena I
Cándido, Pascual y otros niños. (Uno de los cuales lleva flores, y otros con banderas y juguetes propios de la niñez.)

Coro
Rosas, claveles,
Pásig ameno,
Luce con galas mil;
Divina aurora,
Su hermoso cielo
Viste de luz gentil;
Sus ojos son divinos,
Su frente el rosicler.
Sus labios purpurinos
El pecho hacen arder:
En ti, dulce hermosura.
La mente segura va;
En ti, rica ventura
El alma feliz tendrá.

(Recitado.)

Cándido
¡Cuán hermosa es la mañana!
La aurora con sus albores
Va acariciando a las flores
Con que el prado se engalana.
¡El Pásig! ¿Oís el murmullo
De las cañas en su orilla?

¿Escucháis de la avecilla
El suave y variado arrullo?
Decidme: tanta belleza,
Tanto adorno y galanura,
Que con mágica hermosura
Ostenta Naturaleza;
Y esta tranquila corriente
Do las bancas se deslizan,
¿No os encantan? ¿No os hechizan
Con su lenguaje elocuente?
¿No os dicen que su contento
Lo causa la Virgen pía,
Viviendo en aqueste día
Con pomposo lucimiento?

Todos ¡Sin duda!

Pascual Tal alborozo
En el pueblo se respira;
Tal es el placer que inspira,
Que todos bailan de gozo.
Llenas encuentro doquier
De vistosos aparejos
Las calles; niños y viejos.
Todos salen para ver.

Niño I Hablas, Pascual, muy de veras;
¡Y lo creo! Pues la gente
Anda colgando impaciente
Gallardetes y banderas.

Niño II Aquí traigo un canastillo
De flores para ofrecer
A la Virgen ...

Niño I ¡Ole! ¡A ver!...
 Es un regalo sencillo...

(Lo mira con desprecio.)

 Yo tengo una jaula en casa
 Do moran pintadas aves,
 Cuyos trinos son tan suaves
 Que se la daré, si pasa.

Niño III ¡Pajaritos! ¡Qué locura!
 Yo tengo bombas, cohetes ...

(Con jactancia.)

Niño I ¡Quita allá! ¡Esos son juguetes
 Que solo infunden pavura!...

Niño III ¡Tú tienes miedo!

Niño I ¿Yo? ¡No!

Pascual Tengo una flauta de caña ...

(Todos se ríen.)

Todos ¡Ja! ¡Ja!

Pascual ¿La cosa os extraña?
 ¡Pues sí! ¡La tocaré yo!
 Mi padre, como sabéis,
 Me enseñó varias sonatas,
 Lindas, muy lindas, muy gratas:

	Las tocaré; iya veréis!
Niño II	¡Mejores serán mis flores!
Pascual	¡Mi flauta!
Niño I	¡Qué tontería! Es mejor la jaula mía ...
Niño III	¡Cá! Las bombas son mejores.
Niño I	¡No, señor!
Niño III	¡Que sí, señor!
Niño I	¡Vaya un tonto!
Niño III	¡Vaya un loco! Tu pobre jaula es bien poco.
Niño I	Tus bombas son lo peor.
Cándido	¡Ea, amigos! No riñáis: Es cada ofrenda preciosa; Pero suplico una cosa, Y es ... que obedientes me oigáis: Una banca adornaremos Con el más bello atavío; Dentro de ella, aqueste río Mansamente surcaremos; Banderas y gallardetes Pondremos de mil colores; Llevarás todas tus flores; Tú, la jaula; tú, cohetes;

	Este, con flauta sonora Irá entretanto tocando: Así vamos navegando ... Hasta hallar a la Señora. ¿Qué os parece?
Todos	¡Bien, muy bien!
Niño III	¡Es idea singular!
Niño I	¡Vamos la banca a buscar!
Cándido (Se dispone a salir.)	¡Eso lo digo también! ¡Calla! ¿Y Leónido? ¿Do está?
Pascual	¡Ah! ¡Verdad! ¿Adónde fue?
Niño II	¿Dónde ha ido?
Niño III	No lo sé.
Cándido	Pues bien, se le buscará: Nuestra banca dejaremos Para después: es igual: Nos falta lo principal, Pues al jefe no tenemos.
Niño I	Busquémosle.
Cándido	¡Ahora mismo! ¡Sin él nada se podrá Hacer!...
Niño III	¡Se registrará

	Hasta el fondo del abismo!
Coro	Marchemos, marchemos, Marchemos sin tardanza: ¡Felice nuestra holganza! ¡María colmará!

Escena II

Sale Satán vestido de negro y rojo; su color es pálido.

| Satán | ¿Será verdad? ¿Será cierto
Que el pueblo que me adoraba,
Ahora de arribar acaba
De la salvación al puerto?
Si navegante inexperto
En el borrascoso mar
Del vivir, ¿qué singular
Fuerza le ampara y escuda
Que consigue con su ayuda
Mis escollos evitar?
¿Quién de la mansión sombría
Do se hallaba sepultado,
Poderoso le ha sacado
A la clara luz del día?
¡Ay! Para desgracia mía
Fuiste sin duda, ¡oh Mujer!
Quien tuvo tanto poder
¡De quitarme mi morada!
¡Criatura privilegiada!
¿Cuándo te podré vencer?
¡Maldición! ... El mismo Averno
Do se engendran los dolores,
Las crueles penas y horrores, |

No iguala a mi tedio eterno.
¡Ay! ¿Por qué del gozo tierno
Me privó la triste suerte?
¿Por qué me negó el más fuerte
Que en mi terrible amargura
Encontrase mi ventura
En los brazos de la muerte?
¡Espíritu! ¡Ser sublime!
¡Ser mísero y desgraciado,
a padecer condenado
Por la mano que le oprime!
Si el hombre en la tierra gime
Y le molesta el vivir,
Se consuela en el sufrir
Viendo la vida tan breve,
¡Mientras el ángel no se atreve
A esperar que ha de morir!
Más ¡ay! fuerza es que, sufrido
Mi triste destino acate,
Ya que en mi sin par combate
Adversa suerte he tenido:
Empero, aunque fui vencido,
Sigo en mi senda fatal:
Él ama el bien; yo amo el mal ...
¡Soberbio! ... Que haga su gusto;
Yo, yo le estorbaré; es justo;
Que es mi enemigo mortal.
¡Comience, pues, nuestra lidia!...
Pensemos recuperar
Antes mi imperio sin par
Con la astucia o la perfidia.
¡Suelo que me das envidia!
¡Ay! ... ¡Yo te recobraré!
Oculto aquí esperaré

(Se oculta detrás de un árbol.)

      A algún incauto cristiano:
      ¡Quiero que caiga en mi mano
      la raza que tanto odié!

Escena III

(Sale Leónido.)

Leónido   La orilla está solitaria;
      No se oye la gritería;
      Lo extraño: ya es claro el día
      Y no veo a nadie aquí.
      Debieron haber llegado,
      Pues así me prometieron ...
      Presumo que ya salieron ...
      ¿Quién sabe si me perdí?
      Más no: este es el sendero
      Que a la población conduce;
      Este es el río que luce
      Su corriente sin igual ...
      Allá la iglesia ... Mi casa ...
      Las banderas ... ¡Ya lo creo!
      ¡Es el lugar del recreo
      Que a mi me dijo Pascual!
      Desde aquí esperaríamos
      Que pase la Virgen pura ...
      Más ... ¿quién a mi me asegura
      Que no acaban de salir?
      Lo mejor será buscarlos;
      Iré hacia abajo; no ... arriba ...
      Creo que la comitiva

Ya no tardará en venir.

(Se dispone a salir, y viene Satán vestido de Diwata.)

Escena IV

Leónido y Satán.

Satán   ¡Detente! ¿Adónde vas?

Leónido   ¿Quién sois?

Satán   ¿Acaso
No me conoces ya?

Leónido   No recuerdo vuestra faz,
Ni me acuerdo haberos visto
Alguna vez. ¡Dadme paso!

Satán   ¡Nunca! Mírame bien...

Leónido   Decid, os ruego, quien sois...

Satán   Yo soy aquél que, prepotente,
Leyes da al huracán, al mar, al fuego;
Brilla en el rayo y muge en el torrente,
Yo soy aquel que con poder grandioso
Reinó en un tiempo hermoso,
Venerado y temido;
Dios absoluto de la indiana gente.

Leónido   ¡Mentís! De mis mayores
El dios ya duerme en vergonzoso olvido,
Y sus torpes altares,

Do al eco de fatídicos loores
Víctimas ofrecían a millares,
Hoy yacen derribados:
De su poder en mengua,
Les lanza nuestra lengua
Desprecios a sus ritos olvidados:
Vos no sois ningún dios; mentís sin duda.
Pues solo un Dios existe verdadero:
El Dios que al hombre creó y al mundo entero,
Y a quien adora nuestra mente ruda.

Satán ¡Insensato! ¿No temes de mis iras
El poder? Niño impío,
¿No ves que es mío el aire que respiras,
El Sol, las flores y el undoso río?...
A mi voz prepotente, creadora,
De las aguas surgieron
Aquestas Islas, que alumbró la aurora,
Islas que bellas en un tiempo fueron;
Y mientras, fieles a mi culto santo,
Elevaron sus preces
En mis altares, les libré mil veces
De la muerte, del hambre y del espanto.
Los campos rebosaban
De fragante verdura;
Sin trabajo brotaban
De la piadosa tierra,
Entonces pura,
Las amarillas mieses;
Vagaban por el prado
El cabrito pintado,
El ciervo alígero y las gordas reses;
La diligente abeja
Su panal fabricaba mansamente,

Y al hombre regalaba miel sabrosa:
Retirada en su nido la corneja,
No auguraba doliente
Calamidad odiosa;
Gozaba entonces este rico suelo
De una edad tan dichosa,
Que en sus delicias se igualaba al cielo;
Y ahora, sin consuelo,
Triste gime en poder de gente extraña,
Y lentamente muere
¡En las impías manos de la España!
Empero, yo le libraré, si quiere
Doblegar su rodilla
Ante mi culto, que esplendente brilla.
Tan poderoso soy que ahora mismo
Te daré, si me adoras, cuanto ansías;
Más, ¡ay de ti, si ciego te desconfías!

Leónido

Si tan potente sois, si en vuestras manos
Las venturas están de los mortales,
¿Por qué han sido fatales
Para vos los cristianos?
Y si, como decís, el mar bravío
Y el aquilón sumisos obedecen
A vuestra voz y a vuestro poderío,
¿Por qué sus carabelas delicadas,
Que ahora os escarnecen,
No fueron anegadas
Y bajo las olas sepultadas?
¿Por qué vuestras estrellas
En noche tenebroso les guiaron,
Y los vientos sus velas empujaron
Y no les lanzasteis vuestras centellas?
¿Sois por eso tal vez omnipotente?

Y para mayor desdicha, todavía,
El nombre de María,
Nombre que encanta a la infelice mente,
Cual arrogante insulto,
¡Vino a destruir las huellas de tu culto!

Satán   ¡Las huellas de mi culto! ¡Desdichado!
¿No sabes que conservo
Un pueblo que me adora prosternado?
¡Ay! ... Vendrán en lo futuro
Los males que reservo
A tu raza, que aclama un culto impuro:
¡Tristes calamidades,
Pestes, guerras y crueles invasiones
De diversas naciones
En venideras próximas edades!
Tu pueblo regará con sangre y llanto
Del patrio campo la sedienta arena;
Ya en la pradera amena
El ave a quien hirió metal ardiente.
Ni tus bosques añosos,
Ni los ríos, ni el valle, ni la fuente
Serán ya respetados
De los hombres odiosos
Que turbaron la paz y tu bonanza;
Mientras yo, por venganza,
Desataré los indomables vientos
Para que en su carrera,
Con ira y rabia fiera,
Alboroten los varios elementos,
Y la débil piragua,
Hundiéndose en el agua,
Aumente sus horribles sufrimientos.
Devastaré en mi saña

	Los verdes campos de la míes ópima,
	Y desde la alta cima
	De la erguida montaña
	Arrojaré de lavas río ardiente,
	Que envuelto en humo y devorante llama
	Asole poblaciones
	Cual furioso torrente
	Que, cuando se desparrama,
	Arranca los arbustos a montones;
	Y la tierra aterida,
	A mi voz conmovida
	Temblará con atroz sacudimiento,
	Y a cada movimiento
	El rico suelo amargará, y la vida.
	¡Ay! ¡ay! ¡Cuánto quebranto!
	¡Cuánto gemir inútil! ¡cuánto llanto
	Oiré entonces sin que sienta el pecho
	El duelo de la gente,
	Que con gozo insolente
	Reír los miro con mortal despecho!
Leónido	¡Mentira! ¡Nada puedes! ¡Te conjuro,
	En nombre del Señor que el alma adora,
	Ángel, o genio impuro.
	Que seducirme quieres,
	¡Aparta el antifaz que desfigura
	Tu primitiva e infernal figura!
Satán	¡Pues, bien! ¡Héme ya aquí!
	Y advierte y nota
	Que soy Satán, el ángel que esplendente
(En traje de diablo.)	Se sentaba en un trono
	En época remota;
	Rayos de luz lanzando de su frente.

             Yo soy aquel que con feroz encono
             Luché contra el tirano;
             Después, vencido en mi fatal derrota
             Arrastré a vuestros padres a la muerte;
             Más hoy, si del cristiano
             La fe divina me venció en mi furia
             De tan mortal injuria
             Me vengaré, y de ti; yo soy el fuerte;
             Y si no quieres que mueras,
             ¡Ríndete a mis pies!

Leónido   ¡Oh! ¡Nunca!

Satán   ¿Ves mi poder y mi fuerza?
             Los espíritus potentes
             Que en el universo reinan,
             Obedecen a mi voz:
             Sigue mi ínclita bandera;
             Óyeme, pues: si humildoso
             Abjuras tu nueva secta,
             Y arrepentido a mis aras
             Con grato fervor te llegas,
             Yo te haré feliz, dichoso,
             Tendrás cuanto apetezcas;
             El río que a tus pies corre.
             Que arrastra diamantes, perlas;
             El ambiente que respiras
             Do mil pajaritos vuelan;
             Esas plantas, esas flores,
             Esas casas, y esas huertas,
             Tuyas serán, si al instante
             De tu nueva fe reniegas;
             Si el nombre ingrato aborreces
             De aquella cuya es la fiesta.

	Más, ¡ay de ti! si obstinado
	Desobedecerme anhelas,
	Pues a tus pies ahora mismo
	Se abrirá la inmunda tierra,
	Sepultándote en su seno,
	Cual se sepulta en la arena
	La pequeña gota de agua
	Cuando el Sol las plantas seca.
Leónido	En vano infundir me quieres
	Torpe miedo con tu lengua;
	En vano, en vano pretendes
	Que yo a tu fe me someta;
	Jamás al niño cristiano
	El demonio amedrenta,
	Y ante el Hijo de María
	El Averno eterno tiembla,
	¡Espíritu mentiroso!
	Ve, huye, ve a las tinieblas,
	A la mansión del gemido.
	¡Y de la eterna vergüenza!...
Satán	¡Pues, bien! Ya que lo has querido,
	Es necesario que mueras:
	Tú serás la postrer víctima
	Que ante mis aras se quema:
	Tú pagarás por los tuyos,
	En ti me vengaré mis afrentas.
	¡Espíritus! Mis fieles compañeros
	Que encontráis en el mal grata dulzura,
	Que con cruel amargura
	Os nutre el odio que vuestra alma encierra,
	¡Venid, alegres, a empezar la guerra!

Escena V

Salen diablos en tropel.

Coro de diablos ¿Quién nos llama
Con furor?
¿Quién reclama
Nuestro ardor?
¡Viva el mundo
Infernal,
Cuya dicha
Es el mal!
¡Muera, muera
El traidor,
Del Averno
Ofensor!

Satán Venid contentos,
Oíd atentos;
La voce mía
Os llama ya;
Que en este día
Nuestra esperanza
Dulce venganza
Hoy colmará.

Coro de diablos Ama el diablo
A su rey;
Sus mandatos
Son su ley;
Obedientes
Seguirán;
Por ti, todos

	Lucharán.
Satán	Cese el insulto; Niño ínfelice, Lleno de afán; Ven y bendice Mi imagen pura, Pues la ventura Te reirá.
Leónido	Te detesto Vil traidor, A Dios solo Rindo amor Mientras viva, Seré fiel; Morir quiero Yo por Él.
Coro de diablos	¡Viva! ¡viva Nuestro Rey! ¡Muera, muera Quien su Ley No venera Con ardor De la vida Con horror!

Escena VI

Dichos y un Ángel.

Ángel	¡Atrás, ángeles malditos De la cólera del Cielo!

	¡Volved el rápido vuelo
	A la mansión del dolor!
	¡Huid, si del vivo rayo
	Teméis el fúnebre brillo,
	¡Huye, o arcángel traidor!
(Huyen los diablos.) Y tú, niño fiel, despierta.
(Se despierta.)   Ven aquí; soy el enviado
                      Del Cielo que te ha librado
                      Del pérfido Satanás:
                      Ya la Virgen de Antipolo
                      Las aguas, surca del río;
                      Salúdala en canto pío,
                      Pues siempre su hijo serás.
                      Ella te libró piadosa,
                      De las garras del Averno;
                      Sé de Ella el hijo más tierno,
                      Pues trae la dicha en pos...
                      Ya tus compañeros llegan,
                      Adiós, pues; volveré al Cielo.
                      ¡Adiós, Leónido, adiós!

(Desaparece.)

Leónido   Adiós, hermosa criatura
                      Que viniste a socorrerme,
                      Guarda que vela, si duerme
                      El niño el sueño infantil.

Escena última

(Leónido y los Niños. La Virgen pasa el río momentos antes de concluir el recitado.)

Cándido   ¡Ah! ¡Leónido! Te buscamos;
                       He aquí la Virgen María:
                       ¿Sientes la dulce armonía
                       Que se oye entre cantos mil?

Leónido   ¡Oh, si, amigo! La percibo;
                       La miro también venir ...
                       ¡Oh! ¡qué secreta alegría
                       Yo siento dentro de mí!
                       Unamos nuestros acentos
                       En este día feliz.
                       Saludemos a la Virgen ...
                       ¿Qué decís, amigos?

Todos   Sí.

(Aparece la Virgen con luz de magnesio o eléctrica.)

Coro final

                    ¡Salve Rosa pura
                    Reina de la mar!
                    ¡Salve! Blanca Estrella,
                    Fiel Iris de Paz ...
                    Antipolo,
                    Por ti solo
                    Fama y renombre tendrá.
                    De los males,
                    Los mortales

Tu imagen nos librará;
Tu cariño,
Al fiel niño
Le guarda siempre del mal;
Noche y día,
Tu le guías
En la senda terrenal.

Fin

Nota

LA OCEANÍA Española, dirigida por el ilustre español don JOSÉ FELIPE DEL PAN, en su número del 10 de Diciembre de 1880, dijo, al hacer la descripción de esta fiesta:

«JUNTO AL PÁSIG, es casi un auto sacramental, de argumento fantástico, no real, versificado con suma fluidez y facilidad con algunas situaciones de mucho efecto y bordado con preciosos coros debidos al conocido profesor don BLAS ECHEGOYEN.

«Felicitamos al joven autor del libreto don JOSÉ RIZAL. Su obra es muy bella en el detalle; el monólogo de Satán, por sí solo, vale todos los aplausos que mereció del público toda la obra. Aunque no del gusto teatral de nuestro tiempo ese género calderoniano, sienta bien, o es lo mejor que puede presentarse en escena con ocasión semejante a la de anteanoche.»

Libros a la carta

A la carta es un servicio especializado para
empresas,
librerías,
bibliotecas,
editoriales
y centros de enseñanza;
y permite confeccionar libros que, por su formato y concepción, sirven a los propósitos más específicos de estas instituciones.
Las empresas nos encargan ediciones personalizadas para marketing editorial o para regalos institucionales. Y los interesados solicitan, a título personal, ediciones antiguas, o no disponibles en el mercado; y las acompañan con notas y comentarios críticos.
Las ediciones tienen como apoyo un libro de estilo con todo tipo de referencias sobre los criterios de tratamiento tipográfico aplicados a nuestros libros que puede ser consultado en Linkgua-ediciones.com.
Linkgua edita por encargo diferentes versiones de una misma obra con distintos tratamientos ortotipográficos (actualizaciones de carácter divulgativo de un clásico, o versiones estrictamente fieles a la edición original de referencia).
Este servicio de ediciones a la carta le permitirá, si usted se dedica a la enseñanza, tener una forma de hacer pública su interpretación de un texto y, sobre una versión digitalizada «base», usted podrá introducir interpretaciones del texto fuente. Es un tópico que los profesores denuncien en clase los desmanes de una edición, o vayan comentando errores de interpretación de un texto y esta es una solución útil a esa necesidad del mundo académico.
Asimismo publicamos de manera sistemática, en un mismo catálogo, tesis doctorales y actas de congresos académicos, que son distribuidas a través de nuestra Web.
El servicio de «libros a la carta» funciona de dos formas.
1. Tenemos un fondo de libros digitalizados que usted puede personalizar en tiradas de al menos cinco ejemplares. Estas personalizaciones pueden ser de todo tipo: añadir notas de clase para uso de un grupo de estu-

diantes, introducir logos corporativos para uso con fines de marketing empresarial, etc. etc.
2. Buscamos libros descatalogados de otras editoriales y los reeditamos en tiradas cortas a petición de un cliente.

www.ingramcontent.com/pod-product-compliance
Lightning Source LLC
Chambersburg PA
CBHW032109040426
42449CB00007B/1229